났다 떴다 맹물

김문경 시집

월간모던포엠출판부
도서출판 채운재

自敍 자서

황홀했다.
행복했다.
순간
시인이 되어서 한맥문학
문학기행 버스에서 사회를 봤다.
김진희 사장님께서 "맹물 났다 맹물 떴다." 하신다.
경상도 사투리 음색의 울림이 감동적이었다
초이(超耳)의 브랜드다.

순간에 맹물 즉 명물(名物)이 되는 순간, 생의 절정감에 이 감정 시정신(詩精神)의 자산 에너지로 삼고 詩를 쓸 적마다 늦깎이로서 솟구치는 동력이 되고 동기부여가 되었다.

해서 시집제목(詩集題目)을 감히 [났다 떴다 맹물]이 좋겠다는 동료 시인의 제안을 받아 출판한다.

순수하게 받아주고 격려해 주는 우정 또한 고맙고
詩人으로서 살아가는 보람을 느낀다.
생각만 해도 설레는 별명 맹물이다.

초이(超耳)는 맹물의 브랜드 가치를 업그레이드시켜 명예를 지켜 갈 때 詩人다운 詩人, 사람다운 인생살이가 될 것이란 예감이 든다.

사랑하는 아들 딸에게 자랑스러운 엄마로서 시인의 길에 선 것을 당당하게 자랑스럽게 보여줌으로써 보답하고자 한다.

날개를 달아주신 한맥문학 김진희 사장님과 시인으로서 등단의 길을 열어준 李建善시인님 시집 작품평을 주신 문학평론가 월간모던포엠 전형철 발행인님 언제나 고락(苦樂)을 함께하는 임수나 선생님과 노래교실 모든 회원님께 감사의 말씀 전합니다.

시적 영감을 준 모든 분들과 사물에 감사하며 새로운 영감을 얻어 성장동력에 의한 명물 시인으로 보답 되기를 염원하며.....,

2012년 2월 15일 초이 김문경 삼가

超耳 詩人
났다 떴다 맹물
詩人의 詩的位相

詩人: 李建善

조병화 詩人의 詩를 살다보니 詩를 눈금으로 놓고
법정스님의 詩를 저울추로 놓고
超耳의 제자리를 살펴보기로 한다.
사람이 사람이 아니라 부를 수 있게 하는것
그것이 예술이다.
김대우 시나리오 작가 영화 감독님의 예술관 안경을 쓰고 본다.

| 차례 |

제 1 부 | 맹물 났다 맹물

제2부 | 억새의 노래

제 3 부 | 배롱꽃 달빛아래

제4부 | 꽃만다라

제5부 | 줄무늬 그리고 간 바람

제6부

작품해설

제1부

맹물 났다 맹물

맹물 났다 맹물

깔 깔 깔
까르르 깔깔
날리고 굴리는 웃음 바람
맹물이다 맹물났다
바람 일으키는 감탄사
진품이다 명품이다 명품
터지는 박수 갈채

저도 웃고
나도 웃고 그도 웃고
우리 모두 함께 웃고
웃음으로 한 송이 꽃이 되는
한맥문학기행

詩人이다
작가다 화가다
깔 깔 깔
봄바람이다
까르르 깔 깔 깔
맹물 났다 맹물 났어

걸음 머무는 곳

파도소리 따라
발걸음 머문 곳
전복 양식장 부표
물 위에 둥둥

맨살 드러내고
햇살 아래 빛부신
순백의 백사장에
갈매기 모인다

푸르게 달려와
하얗게 뒹구는 파도
소금꽃 피우며
모래 속으로 사라진 자리
결결이 오선지 그으며
물거품은 음표를 찍는다

미주알 고주알

머물지 못하는
계곡물처럼
어디서 와서
어디로 가는지

묻고 또 물어야 하는
바람 앞에
멈춰서는
시간

뜨거운 가슴속에
담을 것도 많고
버릴 것도 많고
미주알고주알

그리움 버무려
정적을 깨면
부활하는
한 줄기 빛

모래시계

명치 끝에 매달린
아린 그리움
한숨의 무게를 견디지 못해
눈물로 떨어지고

갈비뼈 마디마디
너울이 일고
눈가에 주름은 파도를 친다

차디 찬 한 컵의 물로
순정한 가슴 삭이려 해도
속절없이 굵어지는 눈물방울
서러움 되새김질하는
꿈자리 속의 모래시계

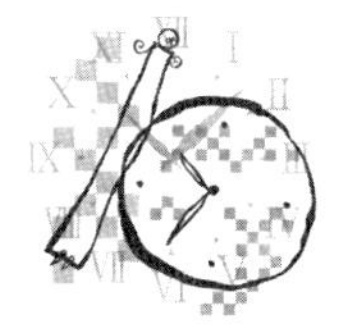

하늘꽃

밝은 햇살
받아 챙긴
단감
알알이 보석

한 잎 한 잎
옷 벗은
알몸
별빛보다 고운 꽃

하늘꽃
돌담길 초가지붕
넘겨 보다
푸른 하늘빛 지우며
선홍의 빛깔로
하늘길 여는 꽃

옹알이

수수밭 수숫대 수수알
알알이 옹알이 응석을 부릴 때
덩달아 곁눈질하던 바람도
허수아비 빈손에 운다

깡마른 지팡이 하나
길 떠날 채비로
재촉하는가
손사레 치는 수숫잎
옷깃을 흔드는
바람의 예감

물 맑은 강물
맑은 달이 빠지고
구름그림자
바람의 江에
꽃으로 핀다

이슬방울

축복일 거야
기약일 거야
맑은 가을 아침
솔잎 바늘 끝
끝끝에 매달린
이슬방울

대롱대롱
나뭇가지 매달린
참매미 한 마리
이슬보다
맑고 맑은 영혼의 노래로
삼복 하늘 더위를 식힌다

촛불향기

캄캄한
어둠 속
흔들리는 영혼
촛불
한파람
밤을 다스린다

시름시름 앓는
밤 그림자
태워 버리고
순연한 향기로
풀어내는 영혼
맑은 눈물로 닦는다

도담삼봉

산 겹겹 물 겹겹
굽이굽이 단양팔경

온달장군 장군봉
질투인가 도담삼봉

너 하나
나 하나

가슴으로
안고 오는 바람길

두꺼비 눈 비비는 날

개울물도
재잘재잘
버들개지 깨우는 날

오늘은 경칩
잠 깬 두꺼비
눈 비빈다

기지개 켜고 일어선
바람마저
이리 갈까 저리 갈까

실눈 뜨는 나뭇가지
이리 오라 저리오라
불러대는 봄바람

신선의 놀이터

어우렁
더우렁
아침이 열린다

물보라 오르는
의암호
신선의 뜻을 풀고 있어

물소리
새 소리
맑디맑은 소리

동양화 한 폭
은은히
바람결에 풀리는 듯
돋아나고 있다

물안개

살금살금
기어올라
물안개 속에 갇힌다

바다인가
호수인가
물안개 속

앉아도
일어나도
물안개 치마 속

바람 불어
어울리는
숨바꼭질하잔다

흙 냄새

모락모락
서려오는 입김
안개를 머금었다

수줍어 고개 숙인
고운 눈길
이름 모를 향기로 꿈길에 든다

푸른 하늘을
가르는
깃털 하나

살포시 날아오면
두근두근 이글이글
흙 냄새에 취한다

실바람 결

가슴을 적신다
촉촉하게
라일락 향기
웃음으로 번지는
실바람 결

결결이
유혹하는 눈짓
보랏빛
웃음으로
실바람을 부른다

오가는
바람결에
불타는 기다림을……,

국화

정원
한 모퉁이
밝은 햇살 휘감고
꿈꾸는 꽃

해맑게
웃는 꽃 국화
웃음 향기
하늘을 부른다

망울망울 꽃망울
곁눈질하는 바람을
유혹하는 향기

국화꽃 향기

그윽한 꽃향기

해맑은 햇살

어울려 빚어내는

깨달음의 詩

이슬로 여는 아침

새벽 산사(山寺)
범종 소리 울어
이슬을 깨우고
이슬은 아침을 연다

어둠을 먹고
빛으로 번지는
능선과 능선을 넘어오는
아침 노을 속에
산사의 종소리
메아리로 퍼진다

풍경 한아름

달리고 달려가는
고속버스
여물어가는 꿈
꿈을 연주하는 풍경 속
꼬리 물고 따라오는
달빛의 춤사위

달무리 진 하늘
내비치는 빛 받아
종착역에 닿으면
지나간
풍경 한아름
뭉클쿵클 가슴 울린다

감자 모빌

장맛비 물러간
6월의 감자밭
감자 캐기
호미질 한 번에
주렁주렁 행복 한아름
감자 모빌
까슬까슬
보리총각
추근추근 바람 탈 때
한 알 한 알
호호불어
삶은 감자 냠냠 추억을 먹는다

제2부

억새의 노래

빈손

어두울수록
더욱 빛나는
그리움 한 뭉치
노을빛에 태운다

그리움
반
아쉬움
반

빈손 가득 고여 드는
바람의 울음소리
한 무늬로
재잘거리고 싶은 이야기

먹먹한 동공
눈길 닿는 곳에
다시 떠오르는
슬픈 그림자

출렁이는 억새

하늘 푸르러도
은빛 머리 반짝이는
억새

누구의 가슴에
깃을 트는
슬픈 몸짓일까

슬퍼 맑아지는
산새 울음소리에
헛헛한 고갯짓 주억이는 억새

맑게 흐르는
강물에 드리운
선연한 아픔을 잉태한
무상한 세월의 그림자, 억새

하늘공원 억새

살랑대는 하늬바람에
억새와 억새가 살 부비며
너울너울 춤을 춘다

하나의 몸짓에
하나의 흥을 받아
서로서로 어울려
한 올 한 올
꿈을 풀어가는
정갈한 몸짓

한없이 푸르른
하늘을 날고 싶어
날갯짓하는 억새

달

어느 순간부터
내 그림자 되어 따라오며
굽이굽이 대관령 길 함께 넘는다

달 아래
山
山 위에
달

얼마나
외로웠으면 여기까지 따라오나
솔나무 그림자
흔들흔들 거느리고

산 겹겹
물 겹겹
별빛 받아
아슴아슴 추억을 흔드는
달빛 소나타

달무리

이야기꽃
달무리로
맛을 낸다

꽃구름이다가
수제비 구름이다가
은은한 청잣빛
배어나는 달무리

주왕산 밤 그림자
물안개 위로 누울 때
상큼한 바람결

둥글둥글
동그랗게
물빛 고운 달무리

달맞이 꽃

한 잎 꽃잎에
달빛 얹어
밤을 밝힌다

어둠 밝히는
무늬 진 결사이로 번지는
바람의 윙크

달빛에 흠뻑 젖은
수줍어 수줍어
눈을 감는다

바람결에
꽃잎 여미며
새초롬
양 볼 붉힌 달맞이 꽃

간절곶 달맞이

해안도로 굽이길 따라
숨가쁜 여정
단풍의 불바다 속
꿈결인가
생시인가
싸해 오는 코끝 향기

출렁출렁
달을 안고 몸부림칠 때
동해에 부서지는 별빛
찬란한 간절곶 별들의 축제

한반도에서 가장 먼저
해 뜨는 울산 12경
저절로 터지는
간절한 기도는 황홀해

박꽃

강아지
짖어대는
울음소리

울음 속에
뜨는 보름달
눈에 시리게 피는 박꽃

박꽃에 안기는
별들의 이야기
반작 반짝 숨바꼭질

흐르는 은하수
흐름 속에 별똥별 하나
우주를 유영하며 꼬리 친다

몽돌

청정한 해역
넘실넘실
물거품을 낳는 파도

물안개 속 취한 얼굴
얼굴만 붉혀 놓고는
어둠으로 묻는다

여기저기 갈매기 춤
몽돌이랑 부딪혀 밀려오는
파도소리 바다의 노래

자그락 자그라락
둥글둥글 둥글어진
에메랄드빛 몽돌의 축제

달빛에 몽돌 우는 소리

꿈결인 듯
달빛 닦는 바람
바람이 분다

잘그락 잘그라락
찰찰 찰그라락
몽돌 우는 소리

명사십리 백사장
달빛이 흘러
한 쌍의 실루엣 세운다

청옥빛
바다 물결
오선지에 그리는
달빛, 높은음자리표

포도주에 취한 바다

방파제도
막아내지 못하는
어둠 속 물보라

가물거리는
해안선의 불빛
포도주에 취한
황홀이어라

술의 블랙홀 속으로
맑은 정신 빨려들어
흔들리고 있다

나그네도
뱃사공도
취하고 취해 웃음 짓는
황홀경의 신바람

굽이굽이 섬진강

지리산 실루엣
산안개로 굽이쳐
돌아오는 섬진강
하이얀 모래사장
물소리 노랫소리
지리산에서
남해로 흐르는
강 길이 225km
유장한 흐름 따라
저도 가는 흰 구름
바람을 손짓하는
매화향 따라
자금자금
잠겨 드는 섬진강

순천만 갈대

살랑이는 하늬바람
갈대는 춤을 춘다
서로의 그늘에서
시들지 않게
그리워하는 여백 없이
쓰러지는 간격 없이
때로는 고요로 채워
한구석 꿈으로 간직하며
향기로운 공간 만들어
영원한 소유 없는 것처럼
곤한 날개 쉬었다 간다

바람의 여울

능선을 타고
넘실넘실
불어오는 그리움

흐르는 듯
밀리는 듯
안개구름 몰고 와
초롱초롱
눈망울 닦아놓고

별초롱 눈초롱
바람결마저
그림자 담아
여울져 운다

가을 연가

가슴 아려와
가을인가
그리워 그리워
눈부신 날

하늘에 풀어내는
그리움으로
맑은 심성(心性)
밝아지는 심안(心眼)

치마폭
살랑살랑 흔드는
바람이 일어
가을인가

알 수 없이 맺히는
눈시울의 이슬방울
가을의 무게인가

가루눈

산 등성이에서
아침 햇살 받아
함박눈 내리다가
바람 불어
가루눈 쏟아질 때
반짝반짝 빛의 황홀

금가루라 하랴
은가루라 하랴
나뭇가지 위 하늘 가득
땅에 내려
다이아몬드 길
길을 걷는 자국마다
왜 이리 죄스러울까

향일암의 풍경소리

물비늘 속
산그림자
바람마저
돌산으로 불어
향기로움 가득하다

명치끝에
걸리는
싸한
아침 산내음

먹먹한 가슴으로
돌아앉는
풍경소리마저
저 혼자 먼 산을 넘어간다

하늘도
목탁소리 울림에
귀먹고 눈멀어
향일암 뜰에 부처가 된다.

제 3 부

배롱꽃 달빛아래

핑크빛 왈츠

옷깃도 살랑살랑
고물고물 깨어나는 숨소리
배롱나무꽃 핑크빛 춤

안개구름 사이사이
언뜻언뜻 꿈을 싣는
바람도 핑크빛

송이송이 피어나
온몸으로 타는 꽃
피 끓는 고백인가

가로수로 줄을 서서
폭죽 축제 불꽃으로
환영의 퍼레이드

혼절한 배롱나무

꼬불꼬불
영덕에서 백암온천 국도
배롱나무 가로수
불꽃 튀는 길을 달려
9月의 속살을 연다

황홀한 색깔 맛에
노래가 있고 춤이 있고
개선장군 환영회인 듯
배롱나무꽃
폭죽 불꽃 행렬 속을
달리고 달린다

다시 보면
꽃송이 송이마다
불꽃 웃음 웃음인걸
바람소리 물결 따라
흐드러진 배롱나무꽃

배롱꽃 달빛 아래

배롱꽃빛
붉디 붉어
초대말도 붉디 붉어
불 붉혀 밤으로 찾아온 달빛

보름달빛
별 하나 거느리고
수성 연못에
풍덩 빠진 보름달

배롱꽃에 취해서
붉은 꽃대궁마다
매달리는
별아리랑 달아리랑

한잔의 카푸치노

그저 은은히
스치는 향기
코끝에 감기는 여운

안개 흐르는 듯
잠기는 듯
흐르는 듯
찻잔의 카푸치노

아픔도 슬픔도
찻잔 속에 들어
부드러운
축제 분위기

고요의 축제
향기로운 속삭임
안개 속을 흐르는 듯 잠기는 듯
풀어내는 꿈인 것을

꽃지

태양과 구름
그리고 바다
투명한 몸짓으로
휘감기는 감동의 드라마

형형색색 어울리는
꽃지 해변
황홀한 이벤트

찬연한
황금빛
하늘의 춤사위
현란한 꽃지 해변

백미러 속 풍경

물안개 속 두무진 선대암 바위섬
절해고도 만물상은
신기루로 보이다가
각양각색의 드라마 연출하여
두근거리는 가슴에 담긴다

하얗게 웃고 있는 바닷가 파도
자연의 신비를 발산하는 비경은
저절로 시가 터져 나오는
한 폭의 신비한 그림이다

마음을 주지 않아도 빛이 되고
눈길만 돌려도 다가오는
백령도 두무진 촛대바위 형제바위
각양각색 바위는
시안과 시심이 하나 되어
수채화를 그린다

햇살이랑 바람결이랑

눈부신 하늘
푸르게 푸르게
불어오는 바람이랑 햇살이랑
한여름의 그림자
농부의 눈동자에 살아
바람이 바람을 부르고
햇살을 불러
넉넉해진 황금 들판
출렁출렁 바람의 노래가 뜬다
노래가 흐르는
S 라인 고향 길
코스모스 고갯길

별빛 마을 모깃불 쑥 내음

느티나무
신목(神木) 아래
옹기종기 모여
모깃불 쑥 내음에
별빛도 맛이 들어
전설을 흘린다

이끼바위 울리는
실개천 물소리
방울방울 시를 쓰는가

산마루에서 눈짓하는 달
달 달 달
따라가는 수제비 구름

※ 신목 : 수호신으로 모시는 나무

빨라지는 내비게이션의 말

120킬로…. 130….
띠링 띠링 띠리링
속도를 줄이세요. 속도를 줄이세요
네비의 말이 빨라진다
110…. 100….
조용해진다

온화하고 고즈넉한 시골 풍경
풍요를 안고
원주를 지나 제천
쭈욱 쭉 곧은 중앙 고속도로

빨리 돌아가는 피사체는
한줄기 가락으로 들어오고
동공은 점점 커져
커다란 그리움으로 채운다

낙조가 그리는 실루엣은
행복도 함께 안고
출렁이는 강물되어
불타는 노을로 핀다

색깔 앞에서 굴절하는

빛깔에서 오는
평화로움에 가슴을 연다
불타는 내장산 단풍 숲
숲 속에 들면 들수록
가슴 벅차 오르는 환희

황금 물결 출렁이는
호남평야 달리며
굶어도 넉넉해지는 얼굴

은빛 날갯짓하는 억새
신명난 춤바람
깃을 펼칠 때마다 울리는
사랑의 노래

억새

바위보다 무거운
그림자 하나
흔들고 흔들면서
몸부림쳐 우는
억새

깃털만 갈고 갈면서
늙어 가도
한 번도 푸른 하늘
하늘을 날아오르지 못한 새

영혼의 불이 붙어
일어나고 일어나는
바람
바람의 바람기 흔들고 가면
저녁노을 빛 피 울음 울고 있는 새

흰머리 풀고 풀어도
꿈을 풀지 못한
서러움 때문에
억억 소리 죽여 울음 우는 새

수다 떨기

살랑살랑 실바람
잔물결 일렁이는
보리밭 리듬

황금빛 햇살
반짝이는 보리 이삭마다
꿈 영글어
산새 맑은 울음
산울림으로 수다 떨기 하잔다

희망 품고
꿈 풀어내는
수다 한아름
어린 날의 그림자는
수채화를 그린다

동백 꽃잎

바닷바람
햇빛 실어다
꽃잎에 얹어
물결치는
파도 위로
춤추게 한다

절규의
몸짓으로
떨어져 흐르는 듯
흔들리는 동백 꽃잎

물결에 그리는
핏빛 무지개
누구를 향한 사랑일까

섬 섬 섬 526

여긴가
저긴가
오밀조밀
한려수도

섬 섬 섬
무인도 428
유인도 44
통영 앞바다 526

물물이 맑아
물거울
물그림자 청마를 부른다

은 모래밭 노을
금 모래밭 노을
해변에 쪽빛 햇살
수평선 80리 가슴을 연다

낚시

기다리고 기다리며
푹 빠져서
기다린다

입질
순간을 놓칠세라
긴장

팽팽해지는
낚싯줄
전류로 이어지는 황홀

월척의 퍼덕임
팔 팔 팔 퍼덕이는 울림
득도(得道)의 순간인가

그물에 걸린 노을

수평선 날이 서서
막아서는 섬 하나
꿈의 둥지를 튼다

썰물에 흘러간
하루
바다로 풀리고
몸져누운 소라
꿈 속에서
별을 줍는다

늙은 어부
뱃전에 기대어
그물로 건지는 황홀한 노을

무지개의 꿈

어디로 흘러가는
구름인가
구름도 비로 내려
가슴 적실 때
무지개가 뜬다

너울 옷자락
흔들고 오는 바람
바람 타고 오는 그리움

그리움 속
무지개로 피어나는
어머님의 눈웃음
눈물꽃을 피운다

성에

유리창에
구름바다를 그린
성에를 남기고
울고 간 바람

하얀 입김을 불어
성에를
녹인다

얼어버린 그리움을 풀듯
유리창에 흘러내린
눈물
보물섬 지도를 그리듯
성에를 뚫는다

울고 간
바람 나라엔
누가 살기에
입김 하나에 길을 내는가

제4부

꽃만다라

꽃만다라

눈부셔라
꽃잔치
꽃빛깔 만다라

백릿길 향기로 가는
백리향도
황홀한 유혹의 손짓

방울방울
온양의 향기
한아름 안고

아라오카리아
출렁이며 영혼도 해살거리는
얼굴 하나 그려낸다.

※ 아라오카리아 : 가시가 많아 원숭이도 도망가는 꽃

부석사

산 그늘
안개구름 벗고
스멀스멀 살아 움직이는가
동공에 그려지는 스카이라인

아련한 그리움에
먹먹한 가슴
풍경소리
땡그랑 땡땡

먼 산을 감싸는 산 울림
바위도
둥 둥 둥
뜨게 하는
법력(法力)의 전설

목탁소리
목이 쉬도록
울어 울어
귀문을 연다

간월암

뜨는 섬
뜨는 절
봄이 그리우면 바다로 가라
뜨는 절이 궁금하거들랑
간월암(看月岩)으로 가라

뜨고 지는 달
달을 보고 나면
큰 깨달음의 법열(法悅)

바닷물 들며 날며
섬이다가 길이다가
눈 감아도 달이 뜨는
간월암(看月岩)

돌산 향일함

바람, 향기로워
산 그림자
물비늘 타고
스멀스멀
하늘로 올라간다

아침 공기가
명치끝에 걸리는
아련한
그리움 되살아 올라
먹먹한 가슴으로 돌아앉는다

풍경소리
저 혼자 먼 산을 넘어가고
목탁소리 어울림에 귀먹고
파란 하늘에
눈멀어
봄의 뜨락 가슴에 담는다

운길산 수종사

땡그랑
땡땡땡
풍경소리 떨어질 때

600살
늙은 은행나무
풍경소리 먹고 있다

구름 그림자랑
운길산 그림자랑
숨바꼭질 한창

물안개 속
길을 잃고
종소리 따라 길을 연다

팔공산 은혜사

안개구름
겹겹이 풀리고 풀리는
깊고 깊은 계곡

냠냠 짭짭
시詩를 깨물어 씹는
산 다람쥐
한 마리 두 마리
줄을 잇는다

팔공산 동쪽
은색 바다 출렁출렁
안개 속에 묻혀
법문을 읽는 은혜사

그윽한 풍경소리
소리 따라 한 걸음 한 걸음
발길을 옮기면
사랑 품은 연리목 지나
대나무 숲 사글사글 바람이 인다

속리산 바람소리

얼마나 성스러우면
속세를 떠난 산
속리산이라 이름했을까

어둠과 빛
저절로 기도가 되는
숨소리 바람소리

자욱한 안개 속
향기 짙은 소나무
솔바람소리

솔바람 여미어
허공을 탄주하는 풍경소리
여기는 속리산 법주사

칼봉산 바람

안개 속에 칼봉산
칼봉산 흰구름 둥둥
안개구름인지 구름 안개인지

꿈 속 인 듯
바위도 말없이
용추폭포 메아리 소리 듣는가

칼날 같은 능선 아래
자연 휴양림
낮달도 나사랑 회원
부러워 부러워
풍덩풍덩 물장구
소리에
취한다

태백산 바람

살강살강
흥얼흥얼
태백산 바람

씻고 가라
털고 가라
비우고 가란다

어둠에서 깨어나는
신비의 물소리 계곡물 소리
물소리도 흥얼흥얼

눈에 담는
소리마다
내일의 별로 뜬다

비슬산

끊어질 듯 이어지고
이어진 듯 끊어진 길

북으로 팔공산
남으로 비슬산

봄꽃 축제 밟고 가면
겨울엔 얼음 축제

유가 다원 독경소리
거문고 울림으로
꿈꾸는 비슬산

꽃바람

꽃바람
춤을 춘다
하늘과 땅 사이
송이송이
색깔마다
꽃바람 누비는
안면도 꽃박람회

향기로 뜨는 영혼
해살거리다
벙글벙글 웃음 짓는 꽃

얼굴 하나하나
방울방울 꽃방울
사랑의 파도를 탄다

흑산도 바람

하늘도 씻고 가고
영혼도 씻고 가는
흑산도 홍도리 바람

아기자기 켜켜이
시루떡 바위
절벽 사이사이 솟은 소나무

솔바람 받아
푸르디 푸르른
물결 출렁일 때

돌도 붉어져서 홍도
물빛도 푸르락 검을락 흑산도
바람 빛깔 따라 설레이는 머리칼

보길도

물결 결결이 밀려오고
갈비뼈 사이로
노을이 인다

눈가에 주름은 파도를 치며
허허한 맥박 껴안고
깜박이는 섬
보길도

멀리서 스며드는 뱃고동 소리
동박새 울음인가
동백 꽃잎
투욱 툭 목놓아 울고

파도를 실은 통통배
섬을 밟고 지나가면
길 떠난 나그네
그리움 한 뭉치 노을빛에 태운다

갯벌 위의 코러스

팔 십리 수평선 멀리
작은 섬 점 하나하나에
쏟아지는 별 이야기

어둠의 둥지를 트는 하늘 바다
썰물에 쓸려간 하루
몸져누운 소라 꿈으로 먹는다

무에 그리 간지러워
팔딱팔딱 기어나오는
망둥이 꼴꼴꼴

탈춤을 추듯
꼴꼴꼴 꼴려하는
망둥이의 꼴

금호강

맑은 강줄기
물안개로 피어나는
꽃구름도 호수에
꽃이 된다

노을빛 피는 금호강
꽃그림자 건지려다
실루엣 그림자 던진다

물비늘 반짝반짝
별 하나 하나
이슬보다 영롱한
눈물의 별

가을바람
향기를 타고
풍겨오는
그리움 한 자락

해금강

갈 수 없는 공유의 눈빛
717 op에서 바라보는 관동팔경 삼일포
푸른호수 아름다운 경치에 매료된다
미륵봉 월출봉 세존봉 아기자기 바위섬
물 위에 둥둥 떠있는 작은 섬
예술보다 더 아름다운 자연 앞에
역사가 외치고 있다
한 뼘 가슴속에 백두산만 한 심장이 뛴다
마디마디 울리는 저린 세월
북방 한계 녹색 선에
천혜비경 해금강
노을이 비껴간 빈자리 갈매기 맴돈다

화진포

흰 물결 휘날리며
하늘 맞대고 출렁이는 바다
결결이 꼬리 무는 해변의 숨결

화진포 모래빛 햇살 보듬고
송이송이 꽃구름 바람 안고 파도 안고
청옥빛 물결 가슴에 안긴다

역사를 안고 가는 이승만 별장
오밀조밀 이쪽저쪽
시선으로 돌아가는 공간 지평을 연다

섬섬옥수 손잡고 정으로 쌓여가는
방위협의회 위원님
하늘의 축복 온몸으로 받는다

완도 해변

둥근달
바람을 안고 굴러와
몽돌을 만든다

꿈결인 듯
일렁이는
흥겨운 풍경

물빛은 청옥빛
파도로 그리는 오선지
숨 고르는 명사십리 완도 해변

사그락 사그락 모래울음
울음도 그윽해
섬들도 깨어나 덩달아 춤을 춘다

금모래 은모래

푸르른 한려수도
살결 고운 해변
모래알 알알이
빛나는 사랑의 속삭임

넘실넘실
파도소리 받아
보드라운
모래 살결

오순도순
고인 정
소곤소곤
바닷바람

유채 향기 풍기는
저녁노을 아래
반짝이는
금모래 은모래 상주 해수욕장

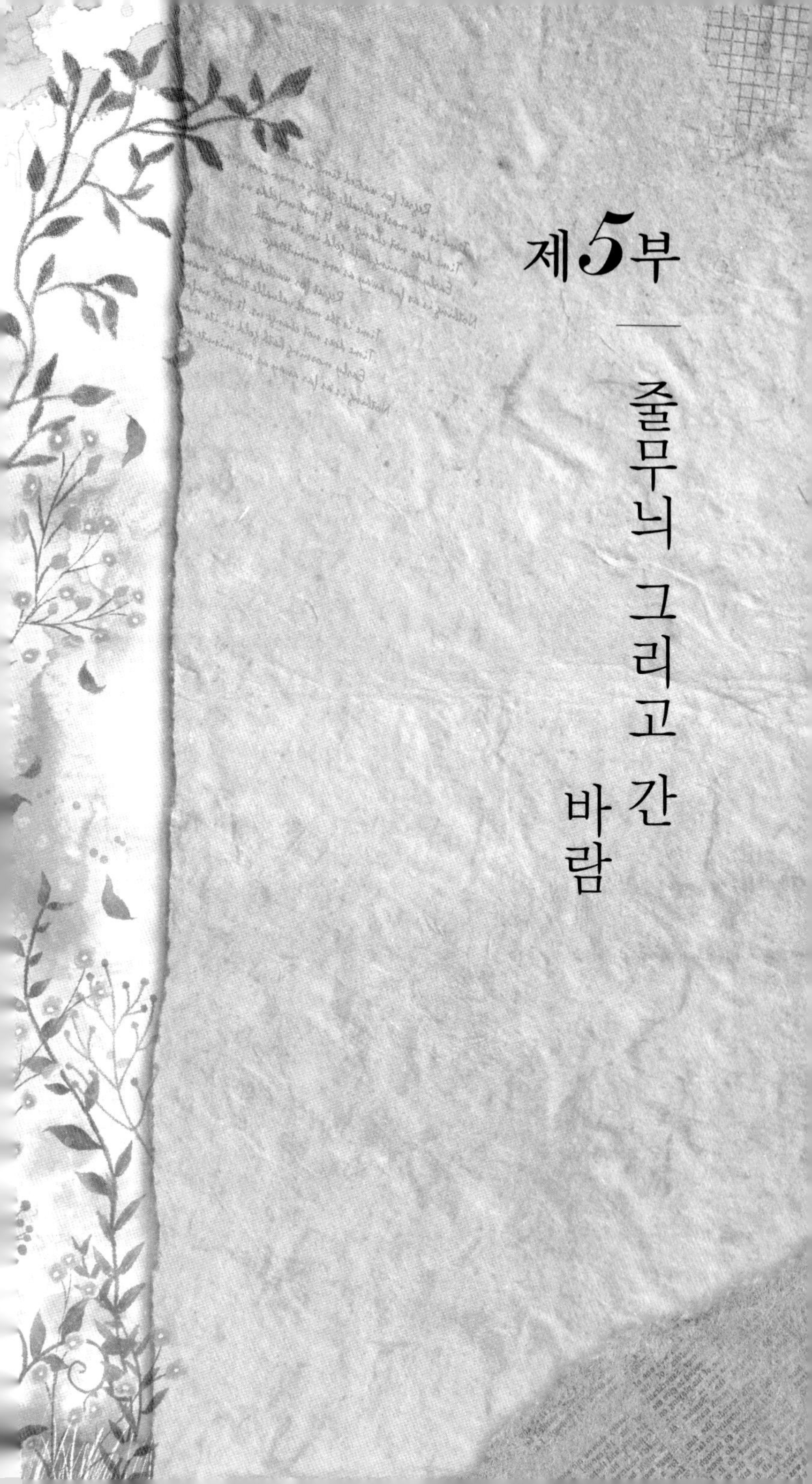

제5부

줄무늬 그리고 간 바람

거울. 1

빙글빙글 돌면서
거울을 보다
띵띵한 몸짓에
터지는 웃음
머리칼 날리며
헤죽헤죽
웃고 있을 때
늘어지는 치맛자락
행복으로 풀리는
바람이 들어
히히히 헤헤
누가 보면 팔푼이
그래도 웃으면
거울 속에서도
마주보고
웃고 웃는다

거울. 2

거울에서 살아나는
중년의 오선지

흘러간 바람결 속
줄무늬 그리고 간 바람

소리없는 꽃으로 피어나는 주름살
화장으로 숨겨봐도 찾아오는 헛수고

성형으로 감출까
가슴으로 보듬을까

꽃으로 피는 분수

춤으로 솟구치는
현란한 물줄기
혼을 부른다

리듬을 낳으며
별이 빛나는 하늘로
날아오르는 물방울

방울방울
뻗치는 힘으로
여백을 낳는다

어디서 오는 필력이기에
하늘에 그리는
초서체의 비상인가

라벤더 향

이슬 간당간당
흔들고
붉게 익어간
산딸기 얼굴빛

꽃바람 불면
향기로운
꿈을 노래하는 울림

별빛이랑 입맞춤하는
그날이 오면
눈부신 하얀 손수건
붉게 붉게 물들이리

라벤더 꽃밭
꽃보다
행복한 웃음
입술가득 번지리

자귀나무 꽃

방글방글
실실이 꽃잎
자귀나무 꽃잎

실바람에도
하늘하늘 실꽃잎
실눈을 뜬다

실꽃잎이라 하랴
솜털꽃이라 하랴
분홍빛 불꽃이라 하랴

꽃잎마다 사랑노래
몽실몽실 몸놀림
수줍어 수줍어 고개 숙이네

산수유

꼬리에 꼬리 물고
춤을 추는가

흥얼흥얼
흥얼거리는 꽃바람

오선지에 흥을 담는
노오란 음표

노오란 드레스
이른 봄의 신부
밀월 나들이

민들레

퍼낼 줄도
몰라
퍼담을 줄도
몰라

헛되이
흘려버릴까
조바심
품고 있는 꿈

영혼에 길 하나
새로 터 놓고
바람 따라
일렁이는 빛

바람을 기다려
사랑의 눈빛
민들레 홀씨
시집 보낸다

라일락

보슬보슬
보슬비 봄비 멈추고
바람에 밝아오는
오월의 아침

시리고 아팠던
눈바람 접어두고
화사한 꽃자리
품어내는 라일락 향기

꽃잎마다
입을 열고
향기로 말하는
인사말 속 그리운 그림자

송이송이 송골송골
내미는 얼굴
되새기는 그리운 그림자

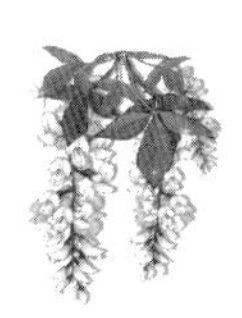

양귀비

이름값
값만큼 화사한
홑치마

현란한
유월의 꽃밭
빛부신 바람 불어

피 끓는
젊은 날
바람 속을 드나들며

독毒을 품어
약藥을 품어
아름답다, 꽃이름 양귀비

꽃비

시렵고 아픈 겨울
칼바람 가고
속살거리는 꽃바람

바람 불어와
옷깃을 파고드는
바람결 한파람

품고 싶은 이름만큼
향기로운
일기장

순백의 메시지로
향기를 풍기며 뿌려져 내리는
꽃비의 반짝임

보리밭

실바람 살랑살랑
잔물결 일렁이는
초록빛 보리밭

보리 이삭 이삭마다
은빛 햇살 가득 담아
영글대로 영글어 꿈을 부를 때

소쩍새 종달새는
산울림을 만들며
세속에 잡담일랑 하지 말라 하네

희망의 속삭임 한아름 안고
어린 날의 추억은
가슴 속에 수채화를 그린다

겨울 보리밭

바람도
비켜가는
비탈진
보리밭

서릿발 지나
눈밭 속
고랑마다 꽁꽁꽁 꽁보리밭

바람결에
간들간들 기다리는
봄날을 헤아린다

눈구덩이 사이사이
고개를 들고
하늘의 축복 온몸으로 받는다

시선

바람의
장난감인가
11월을 넘어가는 나뭇잎
꽃비로 내리는
단풍잎
잎잎마다 슬픈 노래
꿈이 있으면
비우고 살란다
길이 열리도록……,

마주치는 시선마다
바람을 숨기는
이별도 아름답다

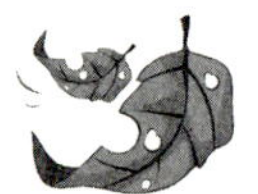

일방통행

한번 들어선 길
왜
되돌리기 어려운가

일방통행 길에
눈에 번쩍 살아나는 얼굴
햇빛을 받아
함박웃음 터지는
해바라기 꽃

바람이 아우성쳐도
고개 돌릴 줄 모르고
기다림에 고개 숙인 꽃
해바라기

산은 산을 업고

맨발로
달려온
햇살

산은 산을 업고
미나리 향에
취한 바람

감꽃 흔들고
흔들흔들
춤추듯 길을 연다

지나는 가슴
청도로 가는 길
가슴마저 감물에 젖고 있다

흔들리는 노을

끌려가는 달구지
돌고 돌아
굴러가는 두 바퀴

큰 눈
끔뻑끔뻑
콧김 하얗게 뿌리며
운명의 길을 간다

땡그랑 땡그랑
노을길 흔들며

꽃
그늘을
그린다

진눈깨비

눈이었다가
빗물이었다가

겨울과 봄
사이에 서서

눈길도 아닌 길
빗길도 아닌 길

방황의 발자국
지우며 지우며 간다

향일암. 2

새벽빛 번져오는
능선을 넘어
넘실넘실 넘어가는
풍경소리 독경소리

동백나무
동백빛깔이 불러오는
아침 노을빛 중심에
향일암이 있다

돌고 도는 윤회
인연의 줄을 흔들고
풍경소리 독경소리
무거운 그늘을 날려버리면
가벼워지는 울림
암자도 돌산을 딛고
뜨는 햇빛 받아
가슴가슴을 밝힌다

합창하는 콩돌

콩돌이다
조약돌이다
찌르르 찌르르
파도 물결 연주하는
콩돌들의 합창

푸르게 달려
하얗게 속살로
속살로 춤추며 노래하는
백령도 콩돌 해안선 1km

밀물은 밀물대로
썰물은 썰물대로
소리빛깔
흥이나고 신이난다

신명난 합창
그 울림 따라
저녁노을 내려앉는
황금빛 바닷물결을 탄주하는
콩돌들의 합창

가까이 더 가까이

살강살강
꽃잎 떨어지는 소리 있어
이팝나무
사르르르 흔들릴 때
능수버들 휘감는 바람

바람 속으로 낭창낭창
솔바람 속으로
구름 그림자 흐른다

바람 따라 구름 따라
가까이 더 가까이
흐르는 눈빛

제6부

超耳 金紋敬 詩人

來日의 우리 詩壇에
마중물이 되어줄 맹물아

詩人 如江 李建善

超耳 詩人

났다 떴다 맹물 詩人의 詩的 位相

詩人 如江 李建善

조병화 詩人의 詩를 살다보니 詩를 눈금으로 놓고
법정스님의 詩를 저울추로 놓고
超耳의 제자리를 살펴보기로 한다.

사람이 사람이라 부를 수 있는 것 그것이 예술이다.
김대우 시나리오 작가 영화감독님의 예술관 안경을 쓰고 본다.

詩를 살다보니
　　　　조병화
– 略략 –
A : 느끼는 세상이 아니라, 튕기는 세상이어라
　–略 –
B : 느끼면서 깊은 곳으로 찾아가는 세상이어라
　– 略 –
C : 느끼며 생각하며 잊어가는 세상이어라
　– 略 –
D : 詩 는 우주로 비어가는 세상이어라

저울눈금 A- B- C- D,
어디쯤 놓일까

났다 떴다 맹물 감탄사에 불이 켜진다
마술적인 리얼리즘 환상(幻想)을 현실처럼 現實을 幻想 처럼 시적(詩的)변용의 진폭이 큰 울림을 준다

법정스님의 詩

마음을 기울여 말하고 魂혼이 담긴 눈빛으로 바라보고 사랑이 담긴 손을 건네는 순간 세상은 빛이나는 우리로 새로운 사람으로 다시 태어납니다.

추의 무게에 어디쯤에서 평형을 이룰까

진공묘유(眞空妙有)의 시경(詩境)에서 초이(超耳) 김문경의 작품, 詩 빈손 외 4편으로 활달한 발상 명쾌한 형상화란 추천사로 추천한 사람으로서 짧은 동안이나마 예술 활동을 눈여겨 보고 느낀바 용의 반짝이는 목덜미 비늘 한조각 소개하는 식으로 쓴다.

시작품평(詩作品評)은 전형철 전문평론가가 평설을 하기로 했다기에 반가운 마음으로 축하 하는 뜻을 처녀시집(處女詩集)에 얹는다.

나탈리 골드버그는 뼈속까지 내려가서 글을 쓰라는 시론(詩論)에서 우리 삶의 모든 순간 순간이 귀하다. 이것을 알리는 일이 바로 시인이 해야 할 일이다,라 했다.

초이는 詩人의 소명 의식을 견지한 詩人이다.

참된 나그네는 자기 자신의 길이 한 부분이란걸 안다고 한다. 작은새는 날갯짓으로 하늘을 날지만 큰 새는 바람결을 타고 하늘을 난다고 한다. 바람결을 타고 하늘을 디자인 하며 놀고 즐기는 시인이 될지어다.

씨앗이 터질 때마다 한 존재(存在)의 그림자는 법열(法悅)에 든다 했다.

추천한 시인의 처녀시집출간(處女詩集出刊)이다.

미래 비전의 정립과 새로운 도전의 꿈이다.

호탕하게 통쾌 상쾌하게 노래하고 즐기고 놀 줄 아는 超耳詩人은 詩로써 임진년(壬辰年) 흑룡(黑龍)의 해에 연비유천(鳶飛遊天)--연으로 푸른하늘 높이 날아 올라 하늘을 마음껏 가지고 즐겨 놀기를 발원한다.

李白의 청천일장지(青天一張紙) 사아복중시(寫我腹中詩)
흥원일상(興源逸想)의 詩想을 떠 올리며
詩는 환기(煥起)의 미학(美學)이다.

암시성(暗示性)의 환상(幻想)으로 별것 아닌것을 아주 특별한 것으로 변용하는 것이 詩이다 라는 詩論.

超耳는 천개의 맛을 내며 미적(美的) 가치를 업그레이드 시킬 줄 아는 詩人의 자질과 열정을 보여주는 詩人이다.

낫다 떴다 맹물 詩人
超耳 金紋敬을
한편 詩로써 이미지만 말 한다면

超耳 詩人

李建善

꽃향기 피워내는
바람결이다가
열정의 불꽃이다가
영혼을 헹구는 물결이다가
채움을 기다리는 빈곳
빈곳을 찾아 흘러들어

유쾌 통쾌 상쾌한

풍경을 만드는 DNA의 빛
빛살이다가
삽상한 새 바람결에
새 물결로
通通通통 튀는 리듬

리듬의 스프링
새 세상을 낳는
탱글 탱글 탱글
싱싱하게 일어서는
興 바람 노래로
웃음으로 興興興흥

황홀한 詩
詩를 낳는다
드디어 터지는 감탄사
났다 떴다 맹물
경상도 사투리 맹물의 詩人
날개를 달다

※ 맹물 : 경상도 사투리로 名物 명물의 뜻

꿈과 도전정신 그 열정의 불꽃. 호기심과 향학열과 추진력의 초이, 탱글탱글한 이미지로 인상깊다.

잘 놀고 일 잘하는 초이 시인 놀면서 보고 격는게 창의성의 원천이다.

창의성이란 열정이 있으면 실력이 생겨나고 그 열정을 지키려면 근성이 있어야 하고 근성이 있으려면 인성이 좋아야 한다.

박서원 빅 앤드 인터내셔널대표 (세계 5대 광고계를 석권한 최초의 한국인)의 철학이다. 이에 완전 충분 조건에 가깝게 갖춘 시인이 초이다.

아름다움 그것은 알아보고 아끼고 간직하는 사람의 것이다.

운동과 여행을 즐기며 생활하는 그는 언제나 탱글탱글 삽상한 인상을 준다.

에메니티는Amenity 장소와 환경 기후 등이 쾌적(快適)함을 말한다.

미감쾌청(美感快靑) 인상이다.

초이는 즐거운 에너지로 출렁이는 가슴의 소유자다.

청중에게는 유머로 관중에게는 노래로 쥐었다 놨다하는 마술적 조정능력으로 무드메이커가 되곤 한다.

한맥문학기행시 환상적 분위기 창출로 김진희 한맥 사장님으로부터 맹물 났다라는 탄사를 지르게 했다.

환상적 군중 장악력의 놀라움이다. 해서 처녀시집 제목(處女詩集 題目)으로 [났다 떴다 맹물]로 하는게 좋겠다는 문우(文友)들의 제안을 받아들여 영광의 시집제목(詩集題目)이 탄생 하게 되었다.

첫째 맹물의 순수성으로 그 가능성은 열려있다.

맹물의 기본은 어떤 물이든지 제 색깔 제 맛을 살릴 수 있는 순수성이 詩人시인의 청정한 심성이다.

맑고 밝은 영혼의 소유자다 사무사(思無邪)다 이 보다는 경상도 사투리로 맹물을 명물(名物)이란 뜻이다.

그 순간 보기드문 명물(名物)이지만 시인 명물로 대성(大成)할 바탕을 직감(直感) 한 김진희 사장님의 예감(豫感)의 결정체라 하겠다.

즐거움으로 출렁이는 삶은 사회를 밝게 한다.

예술은 외부에 의한 fear 공포로 이루어지는 것이 아니라 내부에 의한funny 즐거움으로 이루어지는 것이다.

소설가 노희준님의 말이다.

사람을 사람이라 부를 수 있게 하는 것 그것이 예술이다.

시나리오 작가 김대우님의 말이다.

성상근(性相近) 습상원(習相遠) 인간 본성은 원래 비슷하지만 배우고 익히는 삶에서 인품 인격 그 사람의 브랜드 가치는 상당한 차이로 어마어마하게 높아진다는 진리를 초이(超耳) 처녀시집(處女詩集) 출간을 계기로 새삼 절실하게 깨닫는다.

휘필발시천외천(揮筆發詩天外天)

초이의 시필(詩筆) 휘두를 때 시상(詩想)이 하늘 밖 하늘까지 피어나길 바란다.

연비이유천(鳶飛而遊天) 하라

연으로 날아올라 하늘에서 하늘을 가지고 노는 시인으로서 명물이 되기를 발원 한다.

[났다 떴다 맹물] 시집(詩集)으로 부터 도약하여 시문학계(詩文學界)의 새로운 물줄기를 끌어올 마중물 역할을 하여 줄 것을 기대한다.

超耳 金紋敬 詩人아
壬辰年 新春
如江 : 李建善 舞邊詩室에서......,

김문경 시인의 시세계

서정 중심의 절제된 언어 미학

전형철 시인.문학평론가

김문경 시인의 시세계

서정 중심의 절제된 언어 미학

전형철 시인.문학평론가

초현실주의, 실존주의, 구조주의, 후기구조주의 등 21세기의 중요한 문학사상의 흐름을 파악하고 그 진정한 의미를 파악하기 위해 거대담론을 제시하고자 하는 것은 아니다.

다양한 주제들에 대한 자신의 성찰을 매우 압축적이고 정제된 표현으로 서술하고 작가와 작품, 독자와의 관계, 문학에서의 공익성과 오락성 등은 단지 문학에만 그치지 않는다. 예술의 본질과 관련해서도 적용해 볼 수 있다는 점을 간과하지 않기를 바랄 뿐이다. 문학은 인간정신을 표현하는 한 형태이다.

그런 관점에서 본다면 문학의 기원(起源)을 따진다는 것은 인간이 어떻게 자기를 표현하기에 이르렀는가 하는 것을 따지는 것과 다름이 아닐 것이다. 어떠한 해석이나 주장이든 간에 작가, 작품, 독자를 떠나지 못하기에 문학 자체의 법칙은 모두 지켜가고 있다.

우리가 일상생활에서 서로 허물없이 나누는 대화에서는 음의 색채, 글자의 형태 따위와 관계없이 전달되어오는 언어 그대로를 듣는 사람이 받아들인다. "푸르고 깊은 바다."라 했을 때, 그저 푸르고 깊은 바다일 뿐이지 그 언어형태에 대해서는 누구나 개의치 않는다.

문학에서는 그렇지 않다. 일상생활에서의 언어란 오로지 뜻을 전달하는 언어로서만 존재하는 것이다. 그러나 문학은 언어예술인만큼 일상생활언어 그대로가 아니고 언어구사시 형상을 항상 염두에 두고 있다는 것이다.

생활에서 얻은 소재를 그 물질 자체처럼 작용할 수 있게 꾸며 보여주는 것이 문학적 언어인데 그 언어가 중심역할을 할 수 있게 하는 것이 창작이라 말할 수 있다. 그러한 맥락을 이을 수 있을지, 김문경 시인의 서정 중심의 언어를 다룬 작품 여섯 편을 음미해 보고자 한다.

김문경 시인의 시는 지독한 자기성찰의 자세를 줄곧 유지하고 있다. 그에게 있어서 자기성찰은 자연과 현실을 새롭게 바라보는 심미안을 열어줌으로써 '시작법'의 근원적 바탕이 된다.

이는 자연을 마주할 때와 현실과 부딪칠 때도 한결같은 마음으로 시인의 의식과 영감을 지배한다. 어쩌면 이러한 일관된 자세는 종교적 윤리관에서 비롯된 신앙적 결정체인지도 모른다. 따라서 그의 시는 자연과 현실의 종교적 승화에 궁극적 관심을 두는 형이상학적 특성도 아울러 지니고 있다.

시집 [났다 떴다 맹물] 역시 자연과 현실을 바라보는 시인의 내면이 도저한 자기성찰로 가득함으로써 더욱 성숙한 면모를 보여주고 있다.

자연을 외적 대상으로만 인식하지 않고 그것을 내적 세계로 변용시키거나 일상적 현실의 한가운데 있으면서도 언제나 반성하는 사유를 잃지 않으려는 그의 시적 태도는 사뭇 예사롭지 않다. 때로는 이러한 뚜렷한 시적 의도가 지나치게 표면화됨으로써 교훈성을 쉽게 노출해 버리는 구조적 결함을 드러내기도 하지만, 시의 진정성이 점점 훼손되어가는 오늘날의 시적 지형에서는 이러한 성찰적 태도야말로 오히려 가장 소중한 덕목이 된다는 점을 결코 간과해서는 안 될것이다.

현대에 와서 시는 자기반영성을 두드러지게 드러낸다. 이는 자연과 현실에 대한 단순한 모방 혹은 반영의 차원을 넘어 대상을 내면화함으로써 '성찰'의 차원으로까지 심화하는 뚜렷한 양상을 보이고 있다.

대립과 갈등으로 말미암은 불화의 징후는 점점 더 현실화되고 권력의 안온함에 빠져버린 중심의 타락이 더욱 극에 달하고 있는 것이 지금 우리 사회의 엄연한 현실이다.

적어도 시인은 이러한 사회를 향해 당당하게 제 목소리를 낼 수 있는 용기가 있어야 하고, 벌거벗은 몸으로 자신을 스스로 냉정하게 성찰하는 겸허함을 아울러 지녀야만 한다.

김문경 시인에게서 시를 쓰는 일은 삶 그 자체이며 자기의 본질을 진실되게 규명하는 일이다. 한 마디로 삶의 테두리 안에서 끈적거리는 삶의 요소들을 연동시켜 형상화하고 있다. 인간은 체험을 통하여 과거를 비판하고 미래를 예상하며 자신의 삶이나 실체를 확실하게 한다.

릴케는 『시는 체험이다』라고 정의했었다. 인간의 삶 자체가 체험이라면 삶이 곧 시라는 의미로도 해석될 것이다. 이러한 인간의 체험은 그 특성에 따라 어떤 모습으로건 재생되어 모든 이에게 다시 전달되어야 한다.

시의 경우 언어라는 도구를 통해 작자의 선험적(先驗的) 이미지를 전달하게 된다. 현대인의 삶은 점점 감정이 메말라 가고 그 의미마저 퇴색해 가지만 재생된 언어는 이러한 우려를 최소화할 뿐만 아니라 새로운 감동의 세계로 안내한다.

시는 언어를 표현 수단으로 하는 예술이다. 언어는 이미 존재하고 있는 사물들을 표현하는 기호로서만이 아니라 죽어 있거나 잊혀져가는 물상(物像)들에게 새 생명력을 부여해 주는 중요한 기능을 지닌다.

언어의 성격이나 색깔은 우리의 생각을 보다 긍정적으로

끌어올릴 수도 있고 예술적 감동을 선물하기도 한다. 충실한 시의 독자이자 시의 창조자인 김문경 시인의 서정을 모태로 한 감각적 언어미학을 탐색해 보자.

머물지 못하는
계곡물처럼
어디서 와서
어디로 가는지

묻고 또 물어야 하는
바람 앞에
멈춰서는
시간

뜨거운 가슴속에
담을 것도 많고
버릴 것도 많고
미주알고주알

그리움 버무려
정적을 깨면
부활하는
한 줄기 빛.

[미주알고주알] 전문

'일상 밖의 꿈'을 단념하지 못하고 유선형으로 흐르고 있는 ' 관념 속에서 진정한 내 시간의 흐름은 숨겨온 "자의식의 부활."이라 진술하고 있다. 미주알고주알 전하고자 하는 일상사는 흐르는 계곡물처럼 요란한 '반복되는 여정' 을 벗어나고 싶은 화자의 심중이 묵언처럼 도사라고 있다.

'담을 것도 많고 / 버릴 것도 많고 / 미주알고주알.' "미주알고주알." 이란 3연 마지막 행에서, 화자의 눈에 비친 세상의 정물은 "바람 앞에 멈춰서는 시간."이 되었다. ' 미주알고주알이' 라는 시어가 안주(安住)와 도피(逃避), 그리고 "담고 버리고."라는 글자와 겹쳐 보이는 이유는 부활의 빛으로 '일상의 굴레에서 벗어나고 있으며 '삶의 진정성을 보이는 순간이 그리움으로 부활시킨 시간이란 것을 암시하고 있기 때문이다.

문학 작품과 작가의 관계를 밝힌다는 것은 쉬운 일이 아니다. 문학 작품과 작가와의 관계에 있어서 우리가 오늘날 너무 자명한 것으로 치부하고 있는 사실은 문학 작품을 쓴 사람 모두 작가라는 것이다.

문학 작품은 그것을 읽는 독자들에게도 정서적 반응을 요구한다. 그 정서적 반응은 즐거움, 안도, 분노, 놀라움, 혐오 등의 여러가지를 포괄한다. 대체로 작품에서 그가 인생에 대해서나 현실 세계에 대해서 생각하고 있는 것과 비슷한 것을 발견했을 때 독자들은 안도와 기쁨을 느낀다.

어두울수록
더더욱 빛나는
그리움 한 뭉치
노을빛에 태운다

그리움
반
아쉬움

반
손을 펴면 빈손

빈손 가득
바람의 울음소리
한 무늬로
자잘거리고 싶은 이야기

먹먹한 동공
눈길 닿는 곳에
다시 떠오르는
슬픈 그림자

[빈손] 전문

어두울수록 빛이 난." 다는 그리움 한 뭉치는 이미 덧난 생채기를 다독이고 치유해 넓은 가슴을 가졌다는 용서와 희생의 반증이다. " 빈손 가득 /바람의 울음소리 / 한 무늬로 / 자잘거리고 싶은 이야기." 그와 다른 인생관이나 그가 거부할 수밖에 없는 인생관을 포함하고 있는 작품이다.

끊으려야 끊어낼 수 없는 삶의 중첩을 깊이 파고든 희생의 숭고함을 묘파(描破)하고 있다. 진정한 그리움이 무엇인지 영원한 이별의 끝이 어디에 있는지 모르는 이라 하더라도 대부분의 독자는 별다른 당혹감 없이 이 시를 읽고, 시인이 표현하려고 한 그리움의 아픔을 느낄 수가 있을 것이다.

연이어 붓다의 눈빛으로 사바세계를 바라다본 "향일암의 풍경소리."의 의미망을 탐색해 본다.

김문경 시인의 작품을 읽어보면 가장 뚜렷한 특징으로서 내세워지는 것이 상냥한 어조와 어법이다. 이렇게 상냥한 언어들로도 가슴을 찌를 수 있다는 점이 김문경 시인의 장점이다. 문학은 보편적인 것을 말하기 위해 구체적인 세계를 묘사해야 하며 그렇게 묘사된 것은 그 나름의 형태적 완결성을 가진다. 문학이 구체적 세계를 묘사해야 한다는 진술은 그것이 사회와 밀접한 관계를 맺고 있다는 의미이나 김문경 시인은 그 관점에서 오히려 벗어나고 있다.

물비늘 속
산그림자
바람마저
돌산으로 불어 향기로움 가득하다

명치끝에
걸리는
싸한
아침 산내음

먹먹한 가슴으로
돌아앉는
풍경소리마저
저 혼자 먼 산을 넘어간다

하늘도
목탁소리 울림에
귀먹고 눈멀어
향일암 뜰에 부처가 된다.

[향일암의 풍경소리]전문

세상은 향기로움에 가득하나 먹먹한 가슴으로 바라다본 모든 풍경은 이미 눈시울 붉히며 젖어 있다는 의미 속에 "하늘과 바람." "목탁소리와 풍경소리," 마저 가두어 두고 자신은 향일암 뜰 앞에 비워진 존재 즉, 무의식 존재로 서고 싶다는 뜻을 암암리 내비치고 있다.

문학은 그것이 속한 시대와 사회를 벗어날 수 없다.

서정시의 경우에도 노래하는 슬픔. 사랑. · 분노. · 증오 등의 감정 역시 상상력과 밀접하게 연결되어 있다는 것이다.

문학은 사회에 종속되어 있으면서 그것을 뛰어넘는다. 바로 김문경 시인이 그러하다면 과찬일까? 김문경 시인은 암울한 시대를 떠돈 순수한 정령들의 존재를 분명히 증언해 주는 시인이다.

신화적 상상력과 상징주의적 시작법을 바탕으로 시적 순결과 비애로 가득 찬 내면세계를 아름답게 형상화하였다. 결벽에 가까울 정도로 정직한 내면을 소유한 그는 '시'를 통해 현 시대의 아픔을 내면화하면서 자신의 시의 영토를 확보해 나간다.

이 시대, 삶의 고달픔이 구체화되어 짙은 그리움의 서정으로 화하고 있다. 또한 존재의 정화와 떠남의 열망 속에서 자기 존재와 세상의 정화를 철저히 한 덩어리로 사유해 오고 있다. 그와 연계선상에 서 있는 다음의 시 "억새."에서 시인의 자의식을 유추해 보자.

바위보다 무거운
그림자 하나
흔들고 흔들면서
몸부림쳐 우는
억새

깃털만 갈고 갈면서
늙어 가도
한 번도 푸른 하늘
하늘을 날아오르지 못한 새

영혼의 불이 붙어
일어나고 일어나는
바람
바람의 바람기 흔들고 가면
저녁노을 빛 피 울음 울고 있는 새

흰머리 풀고 풀어도
꿈을 풀지 못한
서러움 때문에
억억 소리 죽여 울음 우는 새

[억새] 전문

상상력이란 이미지를 꾸미는 능력이 아니라 주어진 이미지를 다시 만드는, 이를테면 이미지 왜곡 같은 재생성의 능력이라고 바수라르도 주장하였다.

이점으로 봐선 김문경 시인의 창작은 언어생성과정 전반에 걸친 이화작업과정이라고도 할 수 있을 것 같다. 다른 어떤 이미지로 승화시키는 작업, 그리고 애써 승화시킨 이미지를 모조리 남김없이 보여줄 수 있는 언어를 구사하는 작업의 모든 것이 개개의 시인이 머리를 앓고 있는 화두가 아닐까 생각해 본다.

"바위보다 무거운 / 그림자 하나 / 흔들고 흔들면서 / 몸부림쳐 우는 / 억새." 단 한 번도 하늘을 날아오르지 못한 날개

없는 새로 은유하는 시인의 눈빛이 경이롭다. 이는 김시인의 심상에 내재된 날고 싶은 욕망의 근원을 억새를 주제로 하여 암시하는 것으로 유추할 수 있다.

억억 소리죽여 울 수밖에 없는 가슴 무너지는 사연을 “저녁 노을빛 피 울음 울고 있는 새.”로 승화하기까지 남모를 고충과 아픔, 인고의 세월을 지나왔다는 암시를 정황적 증거로 포착 할수 있다. 여섯 편의 적지 않은 시편 가운데 으뜸의 절창이요, 가편이라 주저 없는 찬사를 보내며 또 다른 시 한 편을 만나본다.

유리창에
구름바다를 그린
성에를 남기고
울고 간 바람

하얀 입김을 불어
성에를
녹인다
얼어버린 그리움을 풀듯

유리창에 흘러내린
눈물
보물섬 지도를 그리듯
성에를 뚫는다

울고 간
바람 나라엔
누가 살기에

입김 하나에 길을 내는가.

[성에] 전문

문학은 한 시대에만 읽히지 않는다. 시대를 뛰어 넘는 성격을 가진다. 그것이 작가의 초월성이라고 불리며 작품의 완결성에 의해 대대로 전해진다.

문학은 인간정신의 위대성을 반영한다. 작품이 독자들에게 정서적 반응을 요구하며 결국은 독자를 작품 속에 끌어들인다는 사실은 문학 작품과 독자와의 상관관계를 더욱 자세히 분석게 한다.

어떤 작품들은 아무런 준비나 훈련 없이도 독자들을 충분히 즐겁게 할 수 있다. 가령 민요나 민요에 버금가는 시들이 그렇다고 할 때 김문경 시인의 시편들이 그에 근접해 있다. 운율를 갖고 있으며 인구에 회자 되어 오는 전통 가락의 율격에 접해 있음이 명징하게 드러난다. "울고 간 / 바람의 나라엔 / 누가 살기에 / 입김 하나에 길을 내는가." 심지어 마지막 연의 리듬은 흡사 동요 한 구절을 대하듯 다정다감하기도 하다. 그러나 그 속에 내포된 은유는 서슬이 져 있다. 회한으로 얼룩진 눈물을 흘리게 하는 연인을 향한 슬픈노래이기에……,

서경의 중심에서 서정의 언어미학으로 그리고 다시 민족정서의 근원에 뿌리인 정한에 가닿은 김문경 시인의 시편을 대해 왔다. 이제 여섯 번째 마지막 시편으로 의미망을 좁혀 본다.

김문경 시인 시의 특징은 곧은 관찰과 시름없는 표현이다. 온화한 마음가짐으로 사회를 볼 수 있고 자기가 보아온 사회와 사물을 바탕으로 하여 아무런 구속 없는 언어로 표현하고 있는 것이다.

춤으로 솟구치는
현란한 물줄기
혼을 부른다

리듬을 낳으며
별이 빛나는 하늘로
날아오르는 물방울

방울방울
뻗치는 힘으로
여백을 낳는다

어디서 오는 필력이기에
하늘에 그리는
초서체의 비상인가

[꽃으로 피는 분수] 전문

방울방울/ 솟구치는 힘으로/ 여백을 낳는다// 어디서 오는 필력이기에/ 하늘에 그리는/ 초서체의 비상인가." 시름과 근심을 품고서는 표현할 수 없는 싯구들이다. 마음을 느슨하게 풀어놓고 세상사 달관의 여유를 가진 시인만이 표현할 수 있는 언어다. 짧은 시지만 그 속에 담긴 내용과 풍자는 재치의 산물이 아닐 수 없다.

한갖 물리적 현상인 분수의 움직임에서 우리 인간사 저 메별성을 읽어내는 시적 주체(시인)의 솜씨는 절창에 가깝다. 더구나 마지막 연의 귀결에서도 영롱한 아침 햇살의 전향적 삶의 정서(마음)를 노래할 수 있음이야말로 범상한 시 정신으로는 가늠할 길 없는 일이 아니겠는가 싶다. 이 경지가 바로 김문경 시인의 詩의 포스트 아날로그 정서와 디지털 정서가 만나꽃 피워 낸 독특한 시적 정서의 특성이 아닌가 한다.

김문경 시인의 시의 포에지(詩精神)가 건재하는 한, 향후 시인의 "시적 지평이 어떻게 전개될 것인가,"에 대한 어떤 신비로운 유추도 가능하리라 본다. 그러나 저 아름다운 시들이 보여주는 김문경 시 현상학에 여기서 만족해야 한다. 시는 그 시인만의 독창적 언어세계이기 때문이다.

김문경 시인의 시의 또 다른 특징은 외부세계로부터의 확보되는 긴장과 응시를 통하여 현실의 압도를 벗어난 천진난만함과 소녀기질의 순수. 환희 등을 발산하는 과정에서 빚어지는 다양한 징후들이 시의 기반이 되고 있다.

때로는 엉킨 실타래처럼 그것은 풀 수 없는 것들이거나 간단히 물려낼 것들이거나 간에 시의 실존적 내면화의 기층을 이루고 있는 것만은 분명한 사실이다.

우리는 김문경 시인의 심상의 그늘이 되었거나 지워져가는 그늘이 무엇인가를 유심히 살펴볼 필요가 있다. 이런 근원적 정신세계를 통하여 시로 육화되고 재설정되는 것이 작품의 핵심을 이루고 있음을 알 수 있다.

일상의 단편적 삶의 분별들을 보다 섬세하게 파악하고 그 언표들의 대응방식을 산출해내는 과정에서 이런 진지성은 시인 특유의 담론을 이루고 자신의 삶을 통하여 다양하게 얻어진 상상력의 저간에 깔린 무수한 힘의 발화를 통하여 시를 창작하고 있다.

시의 건강성을 위한 희망과 광명의 이미지를 취하며 이런 다양한 사유체계의 인지능력의 치열성이 김문경 시인의 시에 서정적 언어미학의 감성을 불어넣어 주고 있다. 그것은 마음의 상처와 고통, 때로는 치유될 수 없을 것 같이 저돌적으로

몰려와 쓸쓸하고 모순된 자의식에 사로잡혀야 하는 모습으로까지 진전되기도 한다. 그러나 이런 아픔을 감내하는 다양한 시상의 전개 속에서 시의 정당성을 확보하고 영원한 희구의 빛을 향한 길의 향방을 찾아 예리한 감성의 필치로 엮은 첫 시집 [났다 떴다 맹물] 상재에 격려와 축하의 말씀 전한다.

2012년 2월 7일
전형철 삼가 쓰다.

났다 떴다 맹물

인쇄	2012년 2월 10일
초판 1쇄 발행	2012년 2월 13일
지은이	김문경
펴낸이	전형철
편집	모던포엠
웹디자인	김태완
펴낸곳	모던포엠 출판부 도서출판 **채운재**
후원	월간 모던포엠, 세계모던포엠작가회
주소	100-861 서울시 중구 충무로2가 49-8 (서울빌딩 202호)
전화	02-704-3301
팩스	02-2268-3910
손전화	010-9184-5223
이메일	mopo64@hanmail.net
정가	10,000원

※ 작가와의 협의하에 인지는 생략합니다
※ 파손및 잘못된 책은 교환해 드립니다